AF396283

LES CRIMES

DES

PARLEMENS.

Dans l'horreur des Cachots, accablé de misere,
Reconnoissez le Fils qui Console sa Mere.

LES CRIMES

DES PARLEMENS,

OU

LES HORREURS

DES

PRISONS JUDICIAIRES

DÉVOILÉES.

*Par PIERRE-MATHIEU PAREIN,
Homme de Loi, & l'un des Vainqueurs
de la Bastille.*

A PARIS,

Chez GIRARDIN, Libraire, dans un des Clubs
Littéraires du Palais-Royal.

Chez Madame LESCLAPART, Libraire, rue
du Roule, & à l'Assemblée Nationale.

Et chez tous les Marchands de Nouveautés.

1791.

LES CRIMES
DES PARLEMENS,
OU
LES HORREURS
DES
PRISONS JUDICIAIRES
DÉVOILÉES.

Par PIERRE-MATHIEU PAREIN, Homme de Loi, & l'un des Vainqueurs de la Baſtille.

Du ſéjour du trépas quelle voix me rappelle ?
Suis-je libre en effet ? .. Oui. . . . .

VOLT.

ECHAPPÉ du gouffre peſtilentiel des cachots du grand Châtelet & de la Conciergerie, comme Daniel de la foſſe aux lions, le ſeul emploi que je fis de ma liberté, juſqu'au moment où la Baſtille fut

A

conquife , eut pour objet de provoquer la révolution , de preffer la réforme de notre code criminel & de dénoncer à toute la France, par des écrits pleins de feu, les prévarications multipliées que j'avois vu commettre fous mes yeux à la magiftrature. Les premiers coups que je portai à ces corps qui fe targuoient d'une morgue on ne peut plus infolente , produifirent dans l'efprit du public un effet mêlé de furprife , d'étonnement & d'indignation contre ces hommes dont l'aftuce avoit captivé fi long-tems le fuffrage du peuple (1).

Cette explofion d'un cœur ulcéré de foupirs, de chagrins, de douleurs accumulées, auxquelles l'intrigue , la cabale & l'injuftice de ces audacieux violateurs de toutes les loix , m'avoient dévoué, fit ouvrir étrangement les yeux : on commença à me croire, à fe repentir du paffé, & à rougir d'avoir fi injuftement honoré de l'eftime générale le trop fier, le trop orgueuilleux, le trop égoïfte ci-devant Parlement de Paris (2).

Aiguillonné par l'amour de la vérité , le fentiment de la haine & les douceurs de la vengeance, contre les vampires déteftables qui le compofoient, & dont le foufle empoifonné avoit manqué de me faire perdre la vie , ainfi qu'à ma tendre mère , je redoublai d'efforts pour les écrafer; & j'ofe dire que je n'ai pas peu contribué à déchirer le bandeau de l'erreur qui les couvroit aux regards de la nation, & à préparer la chûte de ces Rois détrônés (3).

Comme leur autorité , ou plutôt leur odieux defpo-

____

(1) Voyez mon Charnier des Innocens.
(2) Voyez ma Girouette françaife ou le defpotifme. reffufcité.
(3) Voyez mon Exterminateur des Parlemens.

tifme confervoit encore un refte de vigueur, je pris
le manteau de l'anonyme, pour ne plus être plongé,
par cette troupe d'affaffins en robe, dans le cloaque
que je venois d'habiter : obligé d'ailleurs de rétablir une
fanté délabrée par deux années d'une captivité auffi cruelle
qu'inconcevable, j'avois des mefures à prendre pour
échaper de leurs mains meurtrieres.

Mais aujourd'hui que leur empire eft détruit, *que
nous fommes libres*, que nous pouvons dire la vérité
en dépit de la rage impuiffante des ennemis de la révolution dont la vermine parlementaire fait partie, je dois
décliner ouvertement mon nom, fans craindre d'être
frappé de la foudre de ces défunts Dieux terreftres.

Je vais donc continuer de reprocher au ci-devant
Parlement de Paris, à la face de l'univers, les
iniquités fans nombre que le devoir de fon miniftere
auroit du réprimer, mais que fon habituelle férocité
n'a ceffé de favorifer ; je veux parler du régime intérieur des prifons du Châtelet & de la Conciergerie.

Dans un tems où la nation porte la réforme fur les
abus crians qui fe font introduits dans toutes les parties
de l'adminiftration, je ne faurois trop élever la voix
pour lui faire remarquer combien il importe qu'elle
détruife ceux que l'on commet journellement dans les
prifons.

Etablies dans l'origine pour s'affurer de la conviction & du châtiment du coupable, l'intention du lé-
giflateur a toujours été que le régime en fût doux, mo-
déré & humain, par la raifon que dans le nombre des
réclus, il s'en trouve qui font abfolument innocens ; mais
par un rafinement de la barbarie des gardiens qui fe-
condoient en tout les intentions criminelles des chefs,

ces afiles font devenus autant de *Baftilles* où leur imagination induftrieufe à inventer des fupplices, fe plaît à vous les faire éprouver ; car, fi ce n'eft en *Enfer*, je ne crois pas qu'il foit poffible d'être en proie à autant de convulfions, d'angoifes & de tortures, que dans les prifons *du Châtelet & de la Conciergerie.*

Après avoir été témoin de toutes les infamies qui s'y pratiquent & l'objet des douleurs qu'on y effuye, au fouvenir continuel des images déchirantes qui ont frappé ma vue, je ne puis réfifter davantage à l'envie de les expofer au public : d'ailleurs ne ferois-je pas coupable envers l'humanité plaintive, fi je tardois plus long-tems de venir à fon fecours ?

Qui ne fçait compâtir aux maux qu'on a foufferts ?
V o l t a i r e.

Je dois d'autant plus m'empreffer de concourir au bonheur inappréciable d'alleger le fort des malheureufes victimes de l'efclavage, que la publicité de ce petit ouvrage intéreffe effentiellement toute la fociété ; car quel eft celui d'entre-vous, citoyens, qui pourroit répondre de ne jamais habiter ces lieux d'horreurs ? helas ! je ne fuis que trop convaincu par moi même que l'innocence y gémit très-fouvent des années entières.

A la vérité, la nouvelle organifation des Tribunaux que l'Affemblée Nationale a décrétée, fera difparoître des prifons, beaucoup d'abus que la rapacité dévorante ou l'inhumanité fanguinaire des chefs s'honore d'y accumuler ; mais en portant le flambeau de la cenfure fur le régime meurtrier actuellement en vigueur, j'ai penfé que c'étoit un moyen efficace de garantir ceux qui feront chargés du foin d'infpecter les prifons, des furprifes que

(5)

la léfinerie crapuleufe des gardiens cherche toujours
mettre en ufage, pour théfaurifer du pain, de la paille
& des larmes des prifonniers (1).

Mais avant de préfenter le tableau de toutes les
fouffrances, de toutes les rapines, de toutes les injuftices auxquelles les captifs font en bute dans les
prifons judiciaires, ne dois-je pas commencer par faire
voir au public que j'ai des droits certains à fon eftime & à fa confiance ? quelle opinion poura-t-il con-
cevoir de ma perfonne & de mon ouvrage, fi je ne
lui donne d'abord la preuve la plus éclatante des prévarications incalculables de mes juges, & celle de
mon innocence ? n'ai-je pas à craindre qu'il ne me
regarde comme un homme plus affamé de vengeance
qu'occupé du foin de fe juftifier ? non ! ce feroit fortir
de mon plan ; & puis, ne fait-on pas de quoi les
Parlemens étoient capables ! qu'il me fuffife de dire
que *pour nous être plaints*, fous l'ancien regime,
d'avoir été volés, nous avons été décrétés, empri-
fonnés, traînés, ma mère & moi, de cachots en
cachots ; que les feuls coupables, convaincus
de vol par 20 témoins, mais protegés *des pre-*
miers juges, leurs parens, du fuyard Condé, & de
quelques *grimauds* du Palais, vils appuis du

____

(1) Je fomme ici au nom de la juftice & de l'humanité M. Maugis, actuellement commiffaire des prifons,
de lire mon ouvrage & de détruire fous peu tous les
abus que j'indique, ou je le dénonce impitoyablement
au tribunal de l'opinion publique, comme un infâme
prévaricateur.

A 3

crime & perſécuteurs odieux de la vertu , que *les ſeuls coupables* dis-je , ont toujours été libres ; qu'enfin pour tâcher de nous perdre *& ſauver les voleurs* , on a fabriqué une procédure où l'on a violé avec une impudeur ſans exemple , tous les principes , procédure contre laquelle je viens de me pourvoir au *Tribunal de Caſſation*, pour me faire rendre ſous l'empire de l'égalité & des nouvelles loix , la juſtice que je dois en attendre.

Je reviens donc à mon ſujet & j'entre dans l'intérieur de la Conciergerie : voyons comment les *dogues* qui en ont la garde y rempliſſent leur abominable miniſtere pour tourmenter les ames , pour torturer les corps des miſérables priſonniers.

Si la victime qu'on remet entre leurs mains arrive d'une autre priſon , elle eſt ordinairement enchaînée par le col , les mains , les pieds & le milieu du corps , ſans aucun égard pour ſon âge , ſon crime ou ſa complexion ; & tandis que ſon conducteur dépoſe au greffe les pièces du procès , les Cerberes s'emparent de leur proie pour rompre ſes fers. Cette cérémonie a quelque choſe de ſi effrayant , que je ne la voyois jamais ſans friſſonner de douleur : placé ſur un ſiège , ou ſur le carreau , le priſonnier eſt obligé d'attendre , pour qu'on le décharge du poids énorme des liens qui l'écraſent , que les guichetiers aient briſé à grands coups de marteau les clavettes qui retiennent les boulons attachés à ſes pieds ; de ſorte que ſi la main chargée de cette opération eſt aſſez mal-adroite pour ne pas toujours frapper juſte , le coup porte infailliblement ſur les os du patient. Ne croyez-pas que les cris que la douleur lui arrache , produiſent dans l'ame de ſes gardiens , un ſentiment de pitié ;

au contraire, ces hommes d'airain ont l'indignité de lui en faire un reproche ; car, une fois que vous êtes sous la verge de ces *furies*, le moindre soupir que vous pouffez eft un crime à leurs yeux ; leur cœur impitoyable a contracté une forte de férocité qu'ils voudroient que tout le monde partageât : auffi à l'afpect du tourment qu'éprouve un prifonnier, quand on le délivre de fes fers, un fpectateur qui montre le moindre figne de compaffion, eft-il réprimandé fur l'heure & écarté pour jamais de ces curiofités, comme indigne d'y affifter.

Cet acte d'inhumanité confommé, le conducteur paye 5 f. au prifonnier ; c'eft un droit accordé à ce malheureux pour le dédomager probablement des meurtriffures dont les fers ont couvert fon corps pendant fa route ; mais en même tems qu'on feint de le foulager & de remplir fa bourfe, les guichetiers fans ceffe affamés de dévorer fon butin, ne manquent pas de s'informer de l'opulence ou de la détreffe de l'homme dévoué à leur cupidité ; parce que dans le premier cas, ils s'attachent à lui, comme une fangfue, jufqu'à ce qu'ils l'àient dépouillé entierement, en lui occafionnant des dépenfes de tout genre pour fatisfaire leur gloutonnerie : dans le fecond, on lui fajt boire toutes les amertumes que la maifon met en ufage pour rendre la vie dure ; on ne manque jamais de le punir de ce que la fortune l'a maltraité.

C'eft un des articles les plus précieux du code des geoliers de la Conciergerie, que le prifonnier aifé y adoucit tant foit peu le régime intolérable de la maifon, en répandant beaucoup d'or ; mais fi par malheur, la mifere fe fait fentir un inftant chez vous, ou fi vous vous relâchez de votre premiere générofité, votre traitement devient égal à celui du plus malheureux des prifonniers, qui n'a jamais arrofé les gofiers défféchés de fes gardiens.

. Quand donc ceux-ci font inftruits que vous avez de quoi calmer leur infatiété, ils affectent de vous parler humainement, pendant que le concierge prend lecture de la fentence des premiers juges ; car, il faut favoir que c'eft le genre de peine prononcé par la fentence qui détermine le lieu de la prifon que l'accufé doit habiter. Or, fi la fentence inflige la *peine des galères à vie ou de mort*, le concierge fe fert d'un mot d'*argot* connu de fes guichetiers pour le conduire au cachot.

Alors leurs mains avides fe portent fur toutes les parties de fon corps & jufques dans les plus légers replis de fes vitemens pour connoître quels font les effets qu'il poffede, afin de l'en dépouiller ; il n'eft jamais plus furpris que de fe voir livré aux recherches, aux tâtonnemens de plufieurs hommes, qui étant prefque toujours ivres, fe permettent à chaque inftant des propos indécens fur la ftructure de vos membres & de votre corps.

Son argent, ils le lui enlevent de crainte, felon eux, que fes camarades de cachot ne le lui volent ; fes boucles de fouliers & de jarretierés, fon cordon de queue & fes épingles à frifer, de peur qu'il n'y trouve une reffource pour fe délivrer de la vie. D'après cette humiliante cérémonie, on le met en poffeffion d'un pain d'une livre & demie & de deux febilles, l'une pour boire & l'autre pour recevoir la foupe que la charité donne ; enfuite on l'entraîne dans un des *trous* qui lui eft deftiné dans ce *colombier*.

Ils font tous au rez-de-chauffée ; les murs

ont au moins 10 ou 12 pieds d'épaiſſeur. Autrefois l'air y circuloit par une eſpece de lucarne; mais depuis quelque-tems l'humanité du concierge nommé *Hubert*, a jugé à propos d'y appoſer à chacune une ventouſe de fer blanc à travers laquelle on ne pompe l'air qu'à l'aide de quelques trous de la largeur de ceux d'une écumoire. Cette précaution, ſuivant le concierge, tend à empêcher les priſonniers renfermés dans ces loges, d'avoir des relations épiſtolaires avec les femmes dont la cour les avoiſinent ; de ſorte qu'en hiver , comme a dit M. *Linguet*, en parlant des cachots de la Baſtille , « ces caves funeſtes ſont des » glacieres, parce qu' lles ſont aſſez élevées pour que » le froid puiſſe y pénétrer ; en été, ce ſont des poëles » humides où l'on étouffe, parce que les murs en » ſont trop épais pour, que la chaleur puiſſe les » ſécher ».

Le lit ſur lequel repoſe le priſonnier reſſemble à *l'auge d'un porc* : il a pour matelas de la paille qui ne ſe renouvelle que de loin en loin & que l'humidité a réduite en fumier avant qu'on la change.

C'eſt dans cette cage meurtriere qu'un accuſé, ſouvent innocent, étoit obligé de paſſer des mois & quelquefois des années entieres à attendre que ſes juges vou'uſſent bien ſe reſſouvenir de lui, pour décider de ſon ſort : ſa captivité devenoit plus ou moins longue, en raiſon de l'or, des amis & des *guenons* qui ſollicitoient ſon jugement.

Quant à la nourriture, on lui donne, les jours gras, de la très-mauvaiſe ſoupe & de la viande à moitié cuite : les jours maigres, on lui ſert des haricots ou deux œufs à la coque : il a de plus, trois fois la femaine, un demi feptier de vin, un cervelas & du tabac. Toutes ces diftributions fe font par les guichetiers, le marchand de vin & les garçons de guichet : le moment de ces vifites eft à 10 heures du matin, à 4 & à 10 du foir.

Au premier coup d'œil on feroit tenté de croire que ces alimens apportent de l'adouciffement aux maux du prifonnier, mais en y réfléchiffant bien on eft convaincu du contraire : la raifon en eft toute fimple : réduit à refter dans une loge qui n'a pas 6 pieds de large fur 10 de long, privé d'air, empoifonné par fes propres excrémens, puifque lorfqu'il veut fe foulager il eft obligé de fe fervir d'un feeau placé dans fa loge & qui ne fe vuide que tous les matins, loge où le plus fouvent il fe trouve trois ou quatre prifonniers, comment l'homme réfugié ainfi dans une pareille niche peut-il fe donner affez d'exercice pour faire la digeftion ?

Son ame n'eft pas mieux foignée que fon corps ; car du côté du fpirituel il n'a d'autre confolation que de voir tous les famedis de chaque femaine, pendant une demie heure, un *prêtre* qui vient l'engager à prendre fon mal en patience : ce qui rend au difcoureur 6 livres par féance fur lefquelles il donne 6 liards à chaque prifonnier. Mais tous ne profitent point de cette faveur exquife : il n'y a que ceux détenus dans les cachots de l'intérieur de la cour des hommes qui y participent : à l'égard des malheureux enfévelis dans les autres cachots, ils font exclus de cette jouiffance. La raifon d'une injuftice auffi criante, vient de ce que les prifonniers des cachots placés du côté de la cour des hommes, peuvent être réunis tous, fans occafionner un déplacement pénible, dans un endroit attenant leur demeure & où le ministre des autels les pérore ; au lieu que n'ayant pas cette facilité vis-à-vis des autres, le concierge a décidé qu'il étoit beaucoup plus simple de les priver des *exhortations* & des secours du *pasteur*.

Nous venons de voir quelle mesure on emploie pour traiter le corps & l'ame des prisonniers rélegués dans les cachots; examinons maintenant quel est le regime qui s'observe envers ceux qui jouissent de l'honorable faculté de se promener sur le *préau*, c'est-à-dire, dans la *cour*.

Il en est de plusieurs classes : les uns habitent les chambres de la pension; les autres de la demi-pension, ceux-ci de la pistole, ceux-là de la paille.

Avant de donner la nomenclature de toutes ces loges ; il n'est pas indifferent de remarquer,

1°. Que les chambres de pension rapportent au concierge par mois 45 livres pour chaque personne.

2°. Les chambres de demi-pension 22 liv. 10 sous.

3°. Les chambres de pistole 7 livres 10 sous.

4°. Enfin celles de la paille sont exemptes de loyer (1).

Quoi qu'il en soit, tous les prisonniers, sans excep-

---

(1) A propos du loyer des chambres, madame la concierge me dit un jour, avec la plus grande naïveté, que tous les matins en sortant de son lit & même *avant de prier Dieu*, elle ne manquoit jamais de parcourir le registre où sont inscrits les noms de ses locataires, pour savoir s'il n'en étoit pas quelqu'un qui fût en retard de payer.

tion, au moment de leur introduction, dans l'une ou l'autre de ces loges, n'en font pas moins obligés de payer la *bien-venue* à leurs collégues; c'eft ordinairement le *Prévôt* de la chambre, comme plus ancien, qui annonce cette nouvelle au *Candidat* : avec cinq bouteilles de vin, une d'eau-de-vie, & une livre de chandelle, il en eft quitte; mais s'il a le malheur d'être dans l'impoffibilité de payer *cette dette facrée*, il n'eft pas d'avanies, d'humiliations & de dégoûts que fes confreres ne lui faffent effuyer. Les prifonniers des chambres de la paille portent les chofes à l'excès; auflitôt qu'il en arrive un nouveau, & qu'il paroît fur la *cour*, tous les autres fe précipitent fur lui comme des loups affamés pour le dépouiller de fes vêtemens ou de fes effets, s'il en a; ils vont même jufqu'à lui donner *la baf-cule*; cette cérémonie confifte à le mettre dans une cou-verture : quatre des prifonniers en tiennent chacun un coin, & le livrent ainfi, pendant une heure, aux plus violentes fecouffes; enfuite ils l'obligent à vuider les ordures de fes compagnons de malheur, jufqu'à ce qu'il en vienne un autre qui le remplace.

Un article du réglement des prifons défend bien de faire payer la *bien-venue* à qui que ce foit, mais le concierge, qui devroit tenir la main à fon exécution, en tolere toujours la transgreffion, vû que le marchand de vin, de qui il retire un tribut confidérable, y trouve fon compte.

Actuellement, préfentons le détail des chambres.

Dabord, celles qui reçoivent les malheureux que la mifere force de coucher fur la paille, font au nombre de treize : chacune contient environ feize à vingt pri-fonniers; ils font couchés par quatre, fur une paillaffe

garnie de deux ou trois bottes de paille, que le concierge ne fait renouveller que tous les ans, malgré qu'il
foit payé pour en changer plus souvent. Auffi la vermine s'y multiplie tellement, que les prifonniers ne
peuvent attendre la révolution de l'année ; la néceffité de fe délivrer du tourment cruel qu'elle produit
leur fait dévancer le terme fixé pour brûler la vieille
paille. En attendant que la nouvelle arrive, on fera
curieux de favoir fur quoi les prifonniers repofent :
la fenfibilité du concierge ne rougit point de les laiffer
coucher fur des planches : il y a même cela de
particulier, qu'il pouffe la *gentilleffe* jufqu'à les plaifanter
fur cette privation. Or, je demande fi des hommes
contraints de paffer des années dans un pareil état,
la plus part abfolument dénués de tout, ne méritent
pas la plus grande compaffion, autant que le concierge
eft digne de la punition la plus févere ?

Encore, fi ces cachots défignés fous le nom de
chambres, étoient fains, ce ne feroit que demi-mal ; mais
à l'exception de fix, (1) que leur pofition rend un
peu plus falubres, il regne dans les fept autres un air
peftiferé (2).

Parmi ces fept derniers trous, celui connu fous le nom
du 7, étoit deftiné de mon tems à recevoir & les galeux,
& les prifonniers qui venoient du Châtelet, comme

---

(1) Qui font Saint-Vincent, la Grenade, Saint-
Chriftophe, Bel-Air, le Grand Nord, le Petit Nord.

(2) Ces fept chambres font le 8, le 7, la chambre
claire, le Paradis, le 6, le 5 & la chambre des
femmes.

étant tous , suivant le concierge , de mauvais sujets ; & ceux de la paille , qui , pour quelques efpiègleries avoient eu le malheur de lui déplaire ou à quelqu'un de fa horde parce qu'il eft rare qu'en y couchant deux ou trois nuits on n'y reçoive pas un germe putride.

Quant aux chambres de la Piftole , qui font au nombre de cinq , & dont l'humidité des murs eft infupportable , furtout en hyver , chacune eft occupée quelquefois par dix ou douze prifonniers & le plus fouvent par fix ou huit , à raifon de 7 liv. 10 f. tous les mois , pour chaque tête , comme je l'ai déja dit , excepté le premier mois qui fe paye 9 liv. 12 f. attendu qu'il revient aux guichetiers une rétribution de 1 liv. 10 f. fur votre capture & 12' f. au porteur de draps.

A l'égard de celles de la demie-penfion & de la penfion , il n'y a de différence entre le traitement des locataires , fi ce n'eft que les premieres font ordinairement occupées par trois ou quatre perfonnes , & que les fecondes ne le font que par une feule ; mais la conftruction , la falubrité & l'ameublement de toutes font les mêmes , à une légère nuance près , qui eft que celles des penfions & demi - penfions , ont leur lit décoré de deux matelats , au lieu qu'il n'y en a qu'un à ceux des piftoles ; mais elles ne font pas plus ornées de cheminées les unes que les autres ; & fi en hyver vous voulez vous chauffer , vous êtes obligé , pour ne pas mourir de froid , d'acheter du bois & un poële.

Il eft auffi de régle générale , qu'on ouvre toutes les chambres indiftinctement , même celles de la paille , à fix heures du matin , depuis Pâques jufqu'à la Touffaint , & à 7 , depuis la Touffaint jufqu'à Pâques. La clôture marche par gradation : pour celles de la penfion & de la demie-penfion, c'eft à 9 heures du foir, depuis Pâques jufqu'à la Touffaint , & à 8 depuis la Touffaint jufqu'à Pâques : pour celles de la Piftole , c'eft toujours une heure auparavant ; & pour celles de la paille en été, c'eft à 7 heures ; en hyver, auffi-tôt le declin du jour.

Repouffés au fond de ces cachots, on s'imagine peut-être que leurs habitans y paffent des momens tranquilles & qu'ils peuvent oublier leurs maux dans le fein du fommeil ; qu'on apprenne que cette confolation leur eft même énlevée : à peine la nuit eft-elle au milieu de fa courfe, que fur un fimple foupçon que plufieurs captifs cherchent à fe procurer leur évafion, toute la horde des guichetiers accompagnée de chiens monf-trueux & armée de nerfs de bœufs, parcourt ces fombres demeures pour y faire les perquifitions les plus exactes : le filence de la nuit interrompu par le bruit des clefs, des verroux & des portes ; le regard & le langage de ces hommes barbares portent la ter-reur & l'effroi dans le cœur des malheureux prifon-niers que ces vifites importunes arrachent des bras du repos.

Ce régime eft d'autant plus atroce & répréhenfible, qu'il s'exerce fur-tout contre les prifonniers de la paille ; car l'homme opulent, il faut le répéter, en adoucit par fon or, toute la férocité : il y a même cela de particulier, que lorfqu'il eft *condamné a mort ou aux galeres à vie*, il trouve le moyen de s'exempter du cachot ; ce qui eft contre la régle, ainfi que je l'ai déjà obfervé. Mais comme le conciege ne trouveroit pas fon compte à la fuivre rigoureufement vis-à-vis du riche, il ne fe fait aucun fcrupule de la violer ; s'il en ufoit autrement, il fe priveroit d'un loyer qui ne laiffe pas de lui être très lucratif; au lieu que vis-à-vis du malheureux incapable de payer une penfion, il ne perd rien de le dépofer au cachot.

Ce ne font pas là les feuls malheurs auxquels la mifere vous devoue; elle les réunit tous fur la tête de ceux qui font dans l'impoffibilité de fe fouftraire à fes coups.

Il y a une différence fi énorme entre la punition qu'on attache aux perfonnes de la Piftole, de la demie-penfion, de la penfion, & celle qu'on applique aux prifonniers de la paille, quand il s'éleve une plainte entr'eux, que j'en ai toujours été horriblement révolté.

Les premiers, quelque tort qu'ils aient, font pour ainfi dire, toujours fûrs de ne jamais aller au cachot; on fe contente de les faire changer de chambre. Ceft une politique du concierge, qui n'eft pas fi mal-a-droite; elle rentre dans la raifon que j'ai donnée il y a un inftant; le cachot le priveroit du produit que lui rapporte un prifonnier à la Piftole, à la demie-penfion, à la penfion; fon injuftice eft donc intereffée à agir de cette forte & à montrer des égards au coupable; mais il n'a aucune mefure, aucun palliatif doux & humain à employer envers l'habitant de la paille; c'eft pourquoi il balance rarement à le punir, foit qu'il ait tort, ou raifon. Le cachot n'eft pas toujours le remede qu'il emploie; cette demeure n'a rien qui fatisfaffe quelquefois la cruauté du tyran.

Il exifte une tour proche l-s *privés,* voifine des cachots les plus mal fains & non loin de la riviere : elle furpaffe par fa fituation, fon horreur, & la férie de maux qu'elle engendre en peu de tems, tout ce que nous avons

de plus épouvantable à la Bastille : cette tour peut
avoir 25 pas géometriques de diametre : la largeur
des murs eft de cinq pieds environ, un foupirail eft
le feul paffage qui facilite à l'air fon entrée dans
ce puits ; encore eft-il traverfé par quatre grilles de
de fer dont les mailles ont quatre pouces quarrées :
elles font fcelées de façon que le barreau d'une grille
coupe en deux les quatre pouces de jour que donne la
grille qui la précede ; ce qui laiffe à peine un paffage d'un
pouce à la circulation de l'air : cette tour eft couronnée
par une voûte de pierres à la hauteur de 24 pieds
environ : outre qu'il en filtre continuellement une
efpece de férofité fétide, c'eft que les murs font toû-
jours enduits d'une mouffe gluante. Au centre de ce
gouffre infernale, à 18 pouces de terre, eft un plan-
cher de bois fufpendu & garni de quelques bottes de
paille fur lefquelles gémit la victime ; c'eft dans cette
foffe que font précipités les prifonniers de la paille
toutes les fois qu'ils ont encouru la haine du concierge
ou de quelqu'un de fes *alguafils* ; le nouveau *Daniel*
qui a le malheur d'y tomber n'en fort jamais que pâle,
hâve, défiguré & les membres perclus.

Cependant fi la conciergerie a fes défagrémens, il
faut convenir qu'elle a auffi fes avantages : une
longue & large cour eft *le Licée* deftiné à la promenade des prifonniers qui ne font pas au Cachot; les
murailles qui la ferment comme les croifées qui les
traverfent font toutes cuiraffées de fer; on pourroit
appliquer ici avec raifon ces deux vers de Crébillon :

> *La nature marâtre en ces affreux climats,*
> *ne produit au lieu d'or que du fer. . . .*

Du point central de cette galerie s'éleve à grands frais une colonne en pierres de 10 pieds de hauteur sur laquelle est un globe au dessus de son chapiteau & parsemé de fleurs de lys. Lecteurs, vous croyez peut-être que ce globe est l'emblême de quelque bienfait rendu à l'humanité ; point du tout : il couronne un beau & superbe *Carcan*. Aussi M. *Grandmaison* , architecte , ne le désavouera certainement pas pour son chef-d'œuvre : deux chaines de fer prennent au-dessous d'un astragal sculté encore de fleurs de lys ; elles tombent en forme de doubles guirlandes & produisent tout l'effet que son auteur en attendoit, c'est-à-dire , qu'il peut être immolé deux victimes à la fois sur le même autel.

Tel est le spectacle agréable dont les yeux d'un prisonnier qui se promene sont récréés ; & ne croyez pas que l'aspect de ce superbe monument n'enfante dans l'ame que des sensations passageres : écoutez le récit horrible de la mort d'un homme dont il a été l'occasion : à l'époque de sa construction , le nommé *Moreau* s'empara d'une pincë de fer dont les ouvriers se servoient : son dessein étoit de se faire un passage pour se sauver, mais les *Argus* de ce *Tartare* l'ayant découvert en rendirent compte à la *furie* connue sous le nom de concierge qui le comdamna *à la tour*. Après y avoir éprouvé tout ce que la barbarie , l'atrocité & la rage de cette *Megere masculine* pût inventer de supplices pendant cinq mois entiers qu'il y resta, elle ne l'en fit sortir que pour le transporter à l'infirmerie où son corps privé de tous les sens & n'ayant que la forme d'un squellette succomba sous les coups de la mort au bout de 15 jours.

C'eſt ainſi qu'à la conciergerie on fait ſubir à un homme les plus grandes peines pour des fautes aſſez naturelles à celui qui cherche à ſe procurer ſa liberté. Aprenez par-là quélle eſt la deſtinée d'un priſonnier dévoué à l'animoſité du concierge ou de ſes ſubalternes.

Mais ſi l'orgueilleuſe colonne plantée au milieu de la cour bleſſe la vue des priſonniers, dans leurs promenades, les *latrines* n'en affectent pas moins leur odorat. Par leur ſituation elles répandent non ſeulement un gout très déſagréable dans toute la conciergerie, elles ont en outre l'inconvenient de laiſſer appercevoir aux curieux, par les croiſées du dehors, la nudité de ceux qui y ſoulagent la nature.

La vermine en tout genre dont cette cour fourmille, eſt un autre motif d'en éloigner les promeneurs : il eſt vrai qu'elle n'empêchoit pas jadis d'y jouer *au tami*, mais depuis qu'il eſt arrivé qu'une balle eſt allé frapper par une fenêtre un *Conſeiller*, un *Arrét prononça l'interdiction des jeux*; celui de *quilles* ne fut pas même excepté, attendu que les cris des joueurs, ſelon *l'engence-magiſtrale*, interrompoient la rédaction de leurs ſcandaleux arrétès dont l'unique objet, comme on ſait, étoit de ſéduire le peuple & d'affermir leur autorité ſur les débris du trône : or, en eté, cette galerie, en apparence très commode pour la promenade, ou pour tout autre exercice, ne produit que des déſagremens aux priſonniers, qui, ſans cela, pourroient y venir oublier un inſtant leurs chagrins ou décoaguler leur ſang engourdi par l'inaction. En hyver, je conviens que les priſonniers de la paille peuvent ſe retirer dans un endroit appelé le *chaufòir* où il y a un poële de fonte ; mais l'humidité du lieu, la petiteffe privent les deux tiers de profiter de fa chaleur ; d'un autre côté il y règne une telle puanteur excitée par le défaut d'air, que la plupart de ceux qui y entrent, dans les grans froids, n'en fortent jamais fans fe trouver mal ; j'ai même remarqué que beaucoup en mouroient, & cela, parce que paffant de cette retraite empoifonnée dans la cour où l'air quoique mal fain y eft cependant plus pur, ils fe trouvòient frappés comme d'un coup de foudre qui les étendoit à terre. Quelque fois pour les faire revenir on s'empreffoit de courir à l'une des deux fontaines qui font dans la cour pour avoir de l'eau & leur en jetter un peu fur la figure : qui croiroit que l'auteur de cet acte d'humanité, quand le concierge le voyoit, étoit fouvent puni très févérement ? on n'en devineroit jamais la raifon, la voici : de ces deux fontaines, il en eft une dont l'eau ne doit être employée, fuivant le code du concierge, qu'à defaltérer les prifonniers ; l'autre eft confacrée à laver la cour & les haillons de ces inforrunés. Si par hafard on fe méprend fur le choix de ces deux fontaines, comme cela arrive fouvent, le concierge vous en fait les plus fanglans reproches & vous condamne à *la tour*.

Sa barbarie va fi loin qu'elle s'eft même étendue fur les ufages les moins répréhenfibles. Sous le regime de fon prédéceffeur tous les prifonniers pouvoient recevoir la vifite de leurs amis, de leurs parens pendant la journée & converfer avec eux, foit dans leurs chambres, foit fur la cour ; ces vifites avoient même le double avantage de procurer des fecours à leurs maux, & de les préferver de l'ennui qui fans ceffe les tourmente ; la vigilance du *Cerbere* actuel en a pris l'alarme, & de tous les prifonniers il n'y a que ceux qui font à la penſion ou à la demie-penſion qui puiſſent faire monter quelqu'un.à leurs chambres ; encore ne leur eſt-il permis que d'y faire entrer une ſeule perſonne à la fois , comme leur avocat , leur pere , mere , frere , ſœur , domeſtique (1).

---

(1) Cette regle ſouffre encore des exceptions. En voici un exemple : Lors de la captivité du ſieur *Tiſſet,* dans les cachots de la Conciergerie, accuſé d'avoir falſifié & fait imprimer un arrêté du ci-devant Parlement de Paris , en y ſubſtituant le ſeul mot de *commiſſionnaires de la cour ,* au lieu de *Commiſſaires ,* le ſieur *Hubert* refuſa de lui faire paſſer une redingotte pour ſe couvrir & les alimens que ſa famille lui envoyoit. Il eut la cruauté de le laiſſer coucher ſur de la paille pleine de matiere fécale. Ce ne fut qu'au bout de dix jours & après avoir été transféré chez lui pour y faire perquiſition de ſes papiers , que le ſieur *Tiſſet* s'étant plaint de cette barbarie , obtint du Procureur du Roi du Baillage du Palais la permiſſion de ſe faire donner de la paille fraiche ; quand il fut ſorti du cachot , il ſe mit dans une chambre de la penſion où il tomba malade ; mais le concierge en défendit l'accès aux médecins & chirurgiens dans leſquels le moribond avoit confiance ; il lui fallut même une permiſſion du Procureur-général pour y faire entrer ſon épouſe , afin d'en recevoir les ſoins que ſa poſition exigeoit ; ſes pere , mere, parens, amis , avocat , en furent abſolument exclus ; cette petite manœuvre du concierge n'avoit pour objet que de faire ſa cour aux *ci - devants ,* & provoquer leurs éloges dans l'art de torturer le corps d'un homme qui avoit eu l'audace de les tourner en ridicule , & contre lequel cependant il n'exiſtoit aucune preuve ; mais quand

Pour remédier à cette privation envers les autres, il y a un parloir deftiné à recevoir tout le monde ; mais le froid qui s'y engouffre, en hyver, par quatre grandes croifées à jour, la puanteur que le voifinage des cachots répand, l'écoulement des eaux bourbeufes, qui, femblables à celles de l'Acheron, enveloppent & traverfent par des fouterreins ce nouveau Tartare, en éloignent les perfonnes difpofées à y refter : quoiqu'il en foit les curieux & les protegés des *Cerberes en fecond* y font auffi admis : ces derniers pouffent même la complaifance jufqu'à les introduire dans les cachots pour y faire voir leurs habitans; & malgré *l'incognito* que beaucoup d'ent'eux défireroient conferver, ils n'en font pas moins livrés aux regards du premier venu ; on pourroit comparer, avec raifon, ces vifites à celles que font les amateurs dans les ménageries : la maniere fur-tout dont ces *flafiers* ouvrent les cachots, imprime dans l'âme une terreur qui vous glace d'effroi : le cliquetis des clefs, le lourd roulement des verroux, le fracas des portes font retentir autour de vous un fon vraiment déchirant : leur langage aux prifonniers ajoute encore un nouveau degré d'atrocité à ce terrible appareil : une voix rauque & dure ne fe fait entendre que pour leur adreffer des expreffions bien dignes de ces hommes barbares : j'ai peine à croire que les *Antropophages*, en lâchent de fem-

---

il voit qu'un prifonnier a obtenu fa liberté, nouveau caméléon, il change tout-à-coup de caractere pour le complimenter fur le gain de fon procès, afin de s'en faire eftimer & l'empêcher par-là de publier toutes les horreurs de la maifon.

blables & qui vous faſſent plus hériſſer les cheveux : auſſi les ſpectateurs ſont tellement frappés & de leur langage & de l'air de plomb qui vous repouſſe loin du ſeuil de ces cachots & de l'aſpect du captif & de l'horreur du lieu qu'il habite, que la pitié s'empare ſur le champ de leur ame. Ce ſentiment leur dicte de ſoulager ces malheureux, mais la ſoif inaltérable de leurs gardiens qui veillent conſtamment ſur les actions des perſonnes qui les viſitent, ſaiſit toujours avec empreſſement ces occaſions pour faire dire au marchand de vin d'apporter à boire. A cette nouvelle, toute la cohorte des guichetiers, des garçons de guichets (1) & des ſervants (2) accourt pour prendre ſa part de l'aubaine ; & tandis que le priſonnnier boit un coup, tous ces *goujats* ne manquent jamais d'en avaler deux ;

---

(1) *Les garçons de guichets* ſont des priſonniers qui ayant gagné la confiance du concierge, tiennent les clefs de l'intérieur pour en ouvrir les portes.

(2) *Les ſervants* ſont auſſi des priſonniers qui ſont un amplement informé : leurs fonctions ſont de vuider les immondices des *Cachotiers*, de leur donner, pour de l'argent, ce qu'ils demandent, comme alimens, vétemens, tabac, ſans oublier de leur faire payer moitié plus que les choſes ne valent & d'eſpioner leur converſations pour en rendre compte au concierge, qui faute de cela, les menace de donner leur place à d'autres plus ſurveillans & plus ruſés.

la liqueur coule en si grande rapidité par leurs canaux
que

La cruche au large ventre est vuide en un instant

BOILEAU.

Quand donc vous visitez ces souterreins pour y faire
un acte d'humanité, vous croyez peut-être qu'en don-
nant trois ou six livres au malheureux qui y séjourne,
vous avez contribué à soulager sa misère ; vous êtes
dans l'erreur. Votre générosité y est tout-à-coup ab-
absorbée par ses *gardiens* dont il a intérêt de ménager
la férocité.

Pour en revenir au parloir, il présente des tableaux
si variés & si contrastans, que le lecteur ne sera pas fâ-
ché d'en connoître le détail. Ici c'est une *amante* en
pleurs qui, par sa présence & les alimens qu'elle ap-
porte, vient alleger la captivité, la misère & l'ennui
de son *favori* : là c'est un pere, une mere à qui la
présence d'un fils fait verser des larmes & pousser des
cris qui percent le cœur. D'un côté c'est un guichetier qui se promene seul pour épier les actions & les
discours des étrangers avec les captifs ; de l'autre ce
sont des prisonniers qui implorent votre bienfaisance,
en passant leurs mains suppliantes à travers les bareaux
des croisées. A cet endroit, c'est un coupable, qui,
les yeux attachés vers la terre, marche d'un pas lourd
& pesant & que ses remords semblent dévorer ; A ses
ôtés, c'est un accusé que les bouillons de la colere
enflamment, au souvenir de l'équité violée, & qui
parcourt le *Parloir* en levant les yeux au ciel & en

proférant d'une voix baſſe & entrecoupée des paroles d'indignation. Plus loin ce ſont d'autres priſonniers buvant enſemble ou avec des ames charitables qui s'intereſſent à leur ſort.

Car, la conciergerie a auſſi ſon marchand de vin; il a acheté du concierge le droit de le débiter aux priſonniers moyenant 600 livres par an : pour en faci-liter la vente, l'une des principales conditions du marché, eſt de n'en point laiſſer entrer du dehors, & quand le parent ou l'ami d'un priſonnier y déroge, en voulant en paſſer une bouteille ou deux, les guichetiers du conſentement de leur commandant, s'en emparent auſſitôt & le boivent entr'eux. Cette conduite eſt une injuſtice, une tyrannie, un véritable vol. Le mar-chand de vin, le ſaiſant débiter par un *garçon*, celui-ci le frélate au point qu'il eſt preſqu'impoſſible d'en boire. Enſuite, c'eſt que la défenſe du concierge d'en intro-duire du dehors, eſt contraire au reglement des pri-ſons du mois d'août 1670 tit. 13. art. 28. Il porte :
« Les priſonniers qui ne ſeront pas enfermés dans les » cachots pourront faire apporter du dehors les vi-» vres, *ſans être contraints d'en prendre des geoliers, cabartiers*; pourra néanmoins, ce qui leur ſera apporté, être viſité *ſans être diminué.*

Mais par une ſuite de ce principe que le concierge ne reſpecte aucune regle ou plutôt qu'il les viole tou-tes, ſes guichetiers, à ſon exemple, exercent de leur côté, un deſpotiſme affreux, je ne dis pas ſeulement ſur les hommes renfermés dans l'enceinte de leur murs, mais ſur ceux qui veulent y pénétrer pour répandre des bienfaits. Quelqu'un ſe préſente-t-il à la porte de ce *Tartare* ? les *Cerberes* ne lui en ouvrent l'entrée qu'autant que le prisonnier qu'on demande est bien dans leur esprit ; quand ce sont des gens timides qui arrivent sur ces bords on les force , pour ainsi dire , de payer le passage ; le désir de voir un pere , une mere , un ami , les fait contribuer sans aucune résistance. Tel *Ænée* , avec un rameau d'or , adoucit la fureur du *nautonnier Caron* en allant chez les morts pour y voir son pere *Anchise*.

J'ai avancé que les prisonniers eux-mêmes n'étoient point exempts de cette vexation : en effet, pour se soustraire *momentanément* à la cruauté des guichetiers sans cesse occupés à vous faire passer par toutes les gradations du désespoir, il faut leur payer à boire ; par là ils se vengent ou s'indemnisent sur vous de ce que le concierge qui les nourrit, comme je le dirai plus loin, ne leur donne point de vin à leurs repas. Comme cette maniere ingénieuse de réparer les retranchemens de l'avarice du chef entre dans le calcul de leurs intérêts, que les ames sensibles réflechissent quel doit être le sort, sous un régime aussi abominable, des accusés détenus dans les fers ? moi qui vous parle, j'étois obligé pour aller voir ma mere à la prison des femmes , de me soumettre à cette regle inflexible ; encore n'avois-je pas la satisfaction d'entrer dans sa chambre : inutilement en ai-je demandé mille fois la permission , dans le cours d'une maladie très sérieuse qu'elle a essuyée. La complaisance du concierge se bornoit à me laisser parvenir jusqu'au parloir pour savoir de ses nouvelles. Un jour , impatiente de me voir, cette pauvre femme agée de 66 ans , pouvant à peine se remuer, s'arrache de son lit , traverse la cour pleine de neige en se traînant ; sa voix plaintive & entre-coupée r'pétoit ces mots : je veux parler à mon fils.. Qu'il vienne.... oui je veux le voir. Je me préſente. Ciel! quelle fut ma ſurpriſe ! j'apperçois ma mere tremblante, pâle, hâve, défigurée, les yeux hagards, prête à deſcendre au tombeau ! & je ne pouvois lui donner de ſecours ! lecteurs, jugez de ma ſituation ! à ce ſeul ſouvenir mon cœur ſeigne & mon viſage ſe couvre encore de larmes. Étoit-elle en ſanté ? nous prenions, il eſt vrai, nos repas enſemble ; mais à l'aſpect d'une mere innocente que l'injuſtice retenoit ſous le joug de l'eſclavage, ma ſenſibilité n'en étoit que plus profondément affectée ; & ſi ſa converſation calmoit la vivacité de mes maux, je tâchois d'appliquer, par mes diſcours, un baume ſalutaire aux ſiens ; mais combien cette jouiſſance étoit mêlée d'amertumes & d'humiliations ; remarquez d'abord qu'une grille de fer nous ſéparoit & que ma mère étoit expoſée aux injures des ſaiſons les plus rigoureuſes ; enſuite pendant mes repas, quand je voulois boire, j'étois obligé de me mettre à genoux le menton collé entre deux barreaux & la tête renverſée : dans cette pénible attitude, j'ouvrois la bouche & ma mere montée ſur une chaiſe & s'attachant d'une main à un barreau, me verſoit le breuvage de l'autre. A ces déſagremens qu'il faut avoir éprouv's pour en ſentir toute la rigueur il s'en joignoit quelque-fois un autre ; à peine avions-nous fini nos repas qu'un guichetier ſe préſentoit pour nous avertir de nous ſéparer ; alors loin que notre préſence réciproque fût pour nous un motif de conſolation, c'en étoit un de triſteſſe ; ainſi en ſortant de prendre des alimens que j'aroſois de mes larmes, je rentrois dans ma chambre le cœur navré de chagrin.

Les autres prifonniers, de leur côté, ont auffi leurs repas affaifonnés de mille dégouts. Par exemple, la néceffité de prendre une nourriture qui réunit tout ce que les plus fales taudions offrent de dégoutant, eft une nouvelle peine qui vient combler leurs maux ; car, tout eft douleur dans cette maudite maifon, même *jufqu'aux alimens* ; le détail des mets qui ornent la table des prifonniers eft curieux à connoître. Il exifte dans l'intérieur de la prifon une *gargotte* dont l'odeur empoifonne : la bienfaifance du concierge en a cédé *gratis* l'emplacement à un homme & une femme couverts d'un pouce de craffe depuis les pieds jufqu'à la tête. L'ordinaire compofé de la foupe & du bouilli, pour le dîner, s'y vend fix fous par tête, malgré que vous en ayez autant & beaucoup meilleur dans la ville pour 5 fous. Le foir vous avez, pour le même prix, un plat de *graillons* réchaufés & une mauvaife falade affaifonnée *d'huile à brûler*. On pourroit répéter du cuifinier de ce taudion ce que Boileau a dit d'un traiteur :

Jamais empoifonneur ne fut mieux fon métier.

Beaucoup de prifonniers ne recevant d'argent que de leurs parens, quelquefois très-éloignés d'eux, font forcés, quand on néglige de leur en faire paffer, de demander crédit au nouveau *Mignot* de cet hôtel ragoûtant qui profite toujours de ces circonftances favorables, pour leur faire payer cher fes poifons & les enchaîner à fa table.

Je fens parfaitement, que ceux qui ont de l'argent, pourroient faire venir leur nourriture de la ville ; mais en adoptant ce parti on tombe de *Caribde en Scylla:* le moyen d'y remédier feroit d'avoir fans ceffe, fous fa main, des amis difpofés à vous rendre ces fervices ; *c'eft précifément l'inftant où ils nous abandonnent tous.* Il faut donc alors s'adreffer aux *Commiffionnaires* de la maifon ; or remarquez bien que la plupart *font autant de fripons* intéreffés à vous faire payer le double de ce que les chofes valent, outre leur commiffion ; envain vous plaignez vous : Le concierge vous répond qu'il faut que ces gens - là vivent.

Ainfi appréciez la fituation d'un malheureux qui, n'ayant que deux liards ou un fol, pour acheter, foit des pommes, foit des prunes, ou telle autre denrée, eft encore obligé de payer fa commiffion : pour arranger les chofes il partage quelquefois fes alimens par moitié avec le *commiffionnaire*, mais il a befoin pour cela du confentement de ce dernier ; autrement celui-ci garde les denrées, jufqu'à ce qu'il foit payé ; en attendant elles fe gâtent ou il les mange, & le prifonnier s'en paffe.

La faim s'emparant alors des captifs, les porte aux derniers excès pour fe fatisfaire, ou du moins fe calmer. Un jour, je m'en fouviendrai toute ma vie, un jour j'apperçus plufieurs de ces miférables, fe difputant entr'eux, comme des chiens enragés, des feuilles de falades pourries dans la fange : à peine leurs mains avides en avoient faifi quelques-unes, qu'ils courroient les laver pour les dévorer auffi-tôt. Quel tableau ! plus ma mémoire le rappelle à mon efprit, plus il me foulève le cœur ! afin d'en prévenir le renouvellement, ou en adoucir toute l'horreur, l'attention délicate du concierge fait diftribuer quelques pains, à

peu - près tous les mois, entre les prifonniers; mais
loin que fa générofité puiffe être regardée comme un
bien, elle ne produit au contraire que des maux à
ceux qui les mangent, & des imprécations de leur
part contre lui, parce que ces pains cuits depuis un
mois, font tellement durs où moifis, que les chiens,
pour qui ils étoient deftinés dans le principe, mais
que leur appétit n'a pu confommer, n'en veulent même
pas flairer; & voilà pourquoi le concierge eft fi pro-
digue envers fes prifonniers.

Des ames humaines & compatiffantes ont fenti que
ces malheureux, en ne recevant de l'Etat que du pain
& de l'eau pour vivre, périroient infailliblement de
mifère, fi elles ne venoient à leur fecours: pouffées
par des fentimens auffi beaux, elles ont deftiné des
fommes affez confidérables pour procurer des adou-
ciffemens à leur fort. Cet argent eft remis entre les
mains d'une directrice de la charité; fa maffe fe trouve
encore augmentée par les quêtes: fans doute, que fi
la totalité étoit employée felon les vues louables des
fondateurs, les prifonniers en feroient moins à plaindre, mais par une fatalité déplorable, il paroît qu'on
fruftre leurs intentions bienfaifantes, & que les mains,
par lefquelles cet argent paffe, en retiennent une partie. Voyons cependant à quoi on abforbe le furplus!
On donne à chaque prifonnier une légère portion de
mauvaife foupe, cinq fois par femaine, favoir, le
Lundi, le Mercredi, le Jeudi, le Vendredi & le
Samedi. Autrefois on leur diftribuoit également un
morceau de viande d'environ un quarteron, tous les
Lundi; mais par une combinaifon affez bien entendue,
on a placé la diftribution de la viande le Mercredi,

parce que, comme les Quatre-tems tombent ce jour-là, & qu'on se feroit un scrupule de faire faire gras à des prisonniers, c'est autant d'augmenté sur les bénéfices. Si la petite portion de soupe étoit au moins mangeable, les prisonniers pourroient s'en contenter; mais outre qu'elle répugne au goût, c'est qu'on y met du *Nunuphar*, comme si des prisonniers n'étoient déjà pas assez exténués du poids de leurs maux, sans encore chercher à les affoiblir davantage, par un remède utile peut-être à des moines, que nourrissoit l'abondance au sein de la mollesse & de l'oisiveté, mais à coup sûr très-dangereux pour des prisonniers : la viande qu'on leur distribue, est du bouilli; aussi-tôt après qu'elle a été tirée du pot, on la met dans de l'eau froide, pour avoir la facilité de la couper plus aisément en autant de portions qu'il y a de personnes; d'où il résulte qu'elle devient dure, coriasse, & occasionne des indigestions mortelles : les vieillards surtout échappent rarement à ce danger.

Passons au costume des prisonniers. Il en est que plusieurs années ont vu gémir dans la misère, sans recevoir aucun secours; or, pour se mettre à l'abri des rigueurs du froid, ou couvrir leur nudité, ils s'adressent à la sœur de charité; nous avons été témoins qu'elle repousse ordinairement leur demande. Le hasard l'y fait-elle consentir ? Ce n'est jamais qu'en récalcitrant. Son air de mauvaise humeur dégoûte tellement les prisonniers, qu'ils préfèrent aller nuds plutôt que de recourir à ses dons; & c'est précisément ce qu'elle désire.

Tels sont les secours temporels que peuvent se procurer les prisonniers qui n'habitent point les cachots.

Quant au fpirituel, je ne conçois pas comment le
concierge a l'audace de les faire participer aux céré-
monies de la religion, lui qui l'outrage à chaque mi-
nutte, autant que l'humanité. Si cet homme de fer
incapable de remords l'étoit au moins de pudeur,
oferoit-il même prononcer ce nom? penfe-t-il que
les prifonniers innocens ou même coupables, que le
fentiment de fes injuftices révoltent, foient tentés de
céder fouvent à l'envie d'affifter à l'églife? quel fruit
d'ailleurs pouroient-ils efpérer de leurs prieres, dans
un tems où leur ame livrée aux plus cruelles angoifes,
ne s'élance vers la divinité, que pour lui reprocher,
en quelque forte, fa clémence envers des bourreaux
que la févérité de fa juftice devroit frapper des ana-
thêmes du ciel! quoiqu'il en foit, on n'en force pas
pas moins les prifonniers d'affifter à la meffe & aux
vêpres, fur-tout le dimanche, à l'exception de ceux
qui logent à la penfion, à la demie penfion & à la
piftole qu'on renferme alors dans leurs chambres.

La chapelle conftruite fur les débris de la fameufe
Tour de Montgomery, où fut renfermé *Damiens*,
peut contenir quatre cents perfonnes; il y a une chaire
où l'on prêche environ douze fois par an: dans le fond,
directement en face de l'autel, eft une tribune pour
recevoir les femmes qui font voilées d'une épaiffe den-
telle de fer, dont les points ont trois pouces quarrés.

Les fidèles qui fe rendent au fervice, y occupent
une place plus ou moins diftinguée felon le prix du
loyer de leurs chambres. deux guichetiers debout,
au milieu de la chapelle, infpectent vos mouve-
mens les plus légers; tout ce que la fervitude a de
plus horrible vous accompagne au pied même des au-

tels

tels; elle s'étend jufqu'à vous priver de regarder du côté de la tribune, fut-ce pour y voir votre mère ou votre fœur; & quand l'amour filial ou fraternel s'écarte de cette règle, la févérité du concierge punit ordinairement du cachot fa défobéiffance.

Pour les confeffions, je puis affurer qu'il n'y a pas beaucoup de captifs, même dévots, qui foient tentés d'ufer de cette reffource; les innocens, parce qu'il leur eft impoffible de pardonner à leurs perfécuteurs les maux de toute efpece, dont leur cruauté les accable continuellement; les coupables, parce qu'ayant befoin des fecours du *chapelain* pour folliciter auprès de leurs juges, fe gardent bien de lui faire un aveu qui pourroit ralentir fon zèle. Cependant, comme dans le nombre il peut s'en trouver quelques-uns qui fuccombent à cette tentation, je ne vois pas pourquoi permettant à leur confcience d'approcher du tribunal de la pénitence, on éloigne de leurs levres la divinité fous les efpèces du pain : cette privation envers des êtres déjà bien à plaindre, doit être pour eux une nouvelle fource de douleurs, puifque l'homme vraiment religieux qui fupporte en paix fes malheurs, n'y trouve ordinairement de remède que dans la morale évangélique & fes correfpondances avec Dieu. La religion ne nous enfeigne-t-elle pas que la créature coupable, mais vivement affectée de repentir, trouve toujours le pardon de fes fautes aux yeux de fon Créateur? Cet ufage fcandaleux pour elle, d'interdire l'entrée des prifons au Sauveur des hommes, eft donc un préjugé barbare, enfanté par l'ignorance aveugle que la philofophie & les lumieres doivent fe hâter de profcrire.

C

Citoyens, dont le cœur n'a été que trop ferré par les détails de ce tableau, vous croyez que je vous les ai tous tracés; vous êtes loin d'imaginer qu'il foit poffible que dans les prifons de la juftice ordinaire, on fe permette d'ajouter de nouveaux fupplices à ceux que je viens de vous peindre, votre fenfibilité s'émeut au récit de tant de perfécutions; hé bien, tout cela n'eft rien! voici des traits bien plus forts, & qui furpaffent tout ce que vous avez vu jufqu'à préfent.

Au mois de Septembre 1787, lors de la tranflation du ci-devant parlement de Paris à Troyes, le concierge, d'accord avec le boulanger, ne faifoit diftribuer à chacun des prifonniers, qu'un très-mauvais pain de cinq quarterons, au lieu d'une livre & demie : les prifonniers s'étant apperçus de cette manœuvre, s'en plaignirent ouvertement au concierge : celui-ci piqué de ce que des hommes déjà privés de tous les fecours, ofoient publier qu'on retranchoit une portion de leur néceffaire, les menaça du cachot, s'ils s'avifoient encore d'ouvrir la bouche. Nouvelle réclamation. Le concierge étoit bien tenté de punir fur l'heure une pareille audace, mais la crainte d'éprouver une réfiftance opiniâtre & générale lui fit attendre le moment où ils feroient renfermés dans leurs chambres. Accompagné alors de toute *la Meute des Cerberes*, il force une partie des prifonniers d'en fortir, pour les conduire au cachot; dans ce nombre il s'en trouva quelques-uns qui fe montrerent peu dociles; un, entr'autres, entreprit de fe défendre vigoureufement : le concierge jaloux de faire plier fous fon defpotifme, quiconque ofe le contre-carrer, fe fervit d'un moyen digne de lui, pour réuffir à vaincre fon efclave; les

Guichetiers, comme autant de bêtes féroces, commencent par tomber fur lui & le garotter ; pendant cette opération, un des fils du concierge frappoit à coups redoublés avec un bâton énorme ; les garçons de guichets, à fon exemple, fe faifoient une gloire de le furpaffer ; *Madame la concierge* qui étoit auffi de la partie, éclairoit ce fpectacle intéreffant d'une lumiere, tandis que fon tendre époux excitoit les chiens qui déchiroient toutes les parties de fon corps, & lui faifoient jetter des cris épouvantables. Enfuite on le traîna à *la Tour* où il fut chargé de fers & attaché à un anneau, de maniere qu'il ne pouvoit plus bouger ; à peine avoit-il la liberté de mettre à fa bouche le peu de pain & d'eau qu'on lui diftribuoit pour l'empêcher de mourir & prolonger par-là toutes fes douleurs. Cet homme paffa quinze jours dans cette cruelle pofition ; il ne dut fa délivrance qu'à un mémoire que j'adreffai fecrétement à M. *Rofanbo* & dans lequel je peignois avec énergie l'infâme conduite du concierge & la deftinée malheureufe du prifonnier.

Cet acharnement du concierge à vouloir contraindre les prifonniers d'accepter un pain de cinq quarterons donna encore lieu à une autre fcène que voici : un jour qu'ils s'étoient ligués entr'eux pour refufer le pain, le concierge parut, comme un furieux, fur le *Préau* ; il avoit beau en appeler plufieurs, par leurs noms, aucun ne vouloit fe préfenter : irrité, à l'excès, d'une telle défobéiffance il s'avifa d'en prendre un au collet & de lutter contre lui, mais s'appercevant bientôt que la partie n'étoit pas égale, par plufieurs coups de poings qui tomboient fur fa tête, il quitta prife & fe retira. Une circcftance plaifante vint fe mêler à cette fcène ;

Le chapelain, *M. Laurent*, bon prêtre, bon citoyen, aimant à soulager l'humanité souffrante & que je prie d'agréer les sentimens de ma respectueuse reconnoissance, pour les peines qu'il s'est données dans mon affaire, *le chapelain* étoit arrivé, à ce moment, pour dire la messe ; voulant appaiser les combattans & soulager le concierge, il s'approche d'eux ; mais se trouvant tout-à-coup enveloppé dans la mêlée, il alloit payer cher son excès de zéle, lorsqu'heureusement pour lui, il eut le secret d'échaper de la prison. Il n'y rentra de deux jours tant la peur avoit fait impression sur son ame.

L'animosité du concierge n'en devint que plus terrible ; nourrie en secret par les charmes de l'espoir, elle éclata bien complettement au jour du jugement de ses vainqueurs. Ce tyran eut la cruauté de les peindre à leur rapporteur & à tous les juges, comme autant de rebelles qui répandoient le trouble dans ses états. Ses efforts multipliés sollicitoient les condamnations les plus séveres contre ces malheureux, & ce qu'il y a d'incroyable, c'est que les juges eux-mêmes n'ont pas rougi de servir d'instrumens à sa vengeance ; il étoit si persuadé de son pouvoir sur leur esprit, que lorsqu'il vouloit faire trembler un prisonnier, il le menaçoit de son autorité, en lui disant : *Je te recommanderai.*

Elle est si vaste qu'elle s'étend sur les régles mêmes qui paroissent avoir été établies contre lui : pour veiller au maintien du bon ordre & à la salubrité de la maison, il y avoit trois *Commissaires* ; leur devoir les commandoit de s'acquitter exactement de leurs fonctions ; mais le peu de visites qu'ils faisoient étoit marqué au coin d'une si grande insouciance qu'elles devenoient toujours infructueufes. Le jour donc que ces *Meſſieurs* venoient honorer la maiſon de leur préſence, le Concierge commençoit par donner ordre à ſes guichetiers d'interdire l'entrée du *parloir*; le motif de cette défenſe étoit d'empêcher que les *Commiſſaires* ne fuſſent embaraſſés dans leur marche. Les ſoins les plus délicats étoient employés à nétoyer les cachots & la cour; à l'aſpect du *Triumvirat*, le concierge, ſon épouſe & un de leurs fils s'attachoient à ſes pas & l'accompagnoient partout. Selon le but de leur inſtitution, les *Commiſſaires* auroient dû d'abord demander au concierge & aux guichetiers s'ils avoient des plaintes à faire contre quelqu'un des priſonniers; & enſuite interroger les priſonniers, en l'abſence de leurs gardiens, pour ſavoir ſi ces derniers les traitoient humainement; mais comme à toutes ces queſtions, le concierge n'auroit pas trouvé ſon compte, & qu'on ne vouloit point avoir l'air d'ébranler les fondemens de ſon deſpotiſme, les commiſſaires, par une complaiſance & une injuſtice impardonnables, gardoient le ſilence le plus rigoureux. Voici une anecdote qui prouve comment on s'occupoit, dans cette maiſon, à rendre juſtice aux priſonniers. l'un d'eux ſe plaignant, un jour, de ce que le concierge ne leur donnoit point de paille pour coucher, les commiſſaires lui répondirent : Ah! ah! tu n'a pas de paille? eh bien on t'en donnera : on lui tint effectivement parole; le lendemain il fut mis au cachot.

Ces mêmes commiſſaires portoient auſſi leurs pas dans ces antres fétides, mais la figure ou le coſtume d'un captif les frappoit-il? leur entretien ſe bornoit à lui demander le motif de ſa détention. Ils ſe gardoient

bien, quelle que fut fa réponfe, de lui faire entre-
voir une lueur d'efpérance; ils fe contentoient de fe
retirer auffi-tôt, parce que l'air peftiféré de ces afyles
de douleurs, incommodoit ces Meffieurs. Mais fi le génie
créateur du concierge avoit fait faire quelques nouveautés, dans l'intérieur de fa forterelle, fon amour propre ne manquoit point de les faire remarquer aux
commiffaires, qui, à leur tour le félicitoient de fon
induftrie à fortifier le lieu de fes efclaves, fans s'inquié-
ter du fort de ces malheureux courbés depuis long-
tems fous le poids des fers; auffi defiroient - ils fans
ceffe le jour de leur jugement, aux rifques même
d'en être les victimes.

Quand donc il arrivoit ce moment tant fouhaité,
une fonnette placée fur la cour des hommes, fe faifoit
entendre. Un guichetier tenant à fa main l'étiquette du
fac du procès, appelloit d'une voix fépulchrale le nom
de l'accufé, par la petite croifée voifine de la fonnette.
Après avoir répondu, il montoit un efcalier dont l'if-
fue donne à côté de la chambre de l'ancienne tournelle.
Cet efcalier eft fi effroyable, que pour s'en former
une idée exacte, il eft néceffaire d'en préfenter la
defcription. Celle que les poëtes nous donnent de
l'entrée du *Tartare*, n'a rien de plus affreux. Son em-
bouchure fituée fur la cour, eft fermée par une porte
fi petite, que vous êtes obligé, lorfque vous y paf-
fez, de plier votre corps en deux. Tout-à-coup d'é-
paiffes ténebres vous environnent; la terreur s'emparant alors de votre efprit, vous prive de vos forces,
au point que vos jambes chancelantes peuvent à peine
vous foutenir. L'obfcurité du lieu, la timidité naturelle
à un accufé, l'idée de paroître devant fes juges, tout

cela opere un bouleverfement général dans fon ame.
fa marche étant arrètée par de telles fenfations, il ne
tarde pas à entendre la voix farouche d'un guichetier qui
lui crie, du haut de l'efcalier, de monter au plus vîte.
L'écho répéte un fon lugubre qui fe propage dans
ces ténèbres. Plus agité encore par la crainte, l'accufé
s'avance en tremblant, fans favoir où il porte fes pas;
il eft même expofé, en ne fuivant point la muraille,
à fe précipiter à terre, vu que l'efcalier à jour n'eft percé
qu'en tournant. Arrivé aux trois quarts, s'il n'a pas
la précaution de préfenter fes mains devant lui, il fe
meurtrit la tête à une porte de fer, qui le repouffe
en arriere : pour paffer deffous, il faut qu'il fe plie
encore en deux; & quand il fort de ce tombeau, fes
yeux font frappés d'un garde de la robe courte qui
le reçoit armé de fon moufqueton.

Fût-il complétement innocent, il n'en faudroit pas
davantage pour lui faire perdre la faculté de fe defen-
dre; Car fi l'humanité exige que l'on traite favorable-
ment un *coupable*, à plus forte raifon un *accufé* qui
peut ne pas l'être : la fuppreffion de cet appareil révol-
tant qui l'accompagne jufqu'au pied du fanctuaire de la
juftice, eft donc indifpenfablement néceffaire.

Je fais qu'à préfent aux termes du décret de l'Affemblée nationale, l'accufé peut fe choifir un confeil
qui prenne fa défenfe; mais auparavant à quels dan-
gers, à quelles perfécutions n'étoit-il pas expofé de
la part de fes juges? on en va décider.

A peine étoit-il affis fur le banc de l'antichambre de
la Tournelle, que le greffier fortant du *Prétoire*, lui
faifoit figne de le fuivre & le conduifoit lui-même
devant *tous les Pilates*, foit derriere le bareau, foit

fur la fellette ; ce qui dépendoit, comme on fait, des conclufions du procureur général. Alors le préfident adreffoit la parole à l'accufé, pour lui faire lever la main, lui demander fon nom, fon âge, fa qualité, fa demeure, & s'il n'avoit pas commis le crime qu'on lui imputoit ; mais par une fingularité étonnante, c'eft que fon âge ou fon coftume déterminoient abfolument le langage du préfident. S'il étoit jeune, il le traitoit *de mon enfant ;* S'il étoit vieux, il le qualifioit *de mon ami ;* s'il étoit bien coftumé, il fe fervoit du pronom *vous.*

On penfe aifément que l'accufé foutenoit toujours qu'il étoit innocent ; le mode feul de la défenfe que fes juges lui permettoient d'employer, furprendra étrangement. Aux queftions *que la cour* lui faifoit, il ne pouvoit répondre que par *oui* ou *non ;* s il s'avifoit d'entrer dans des détails qu'il croyoit néceffaires à fa juftification, on lui impofoit filence : ce que j'avance ici n'eft point un menfonge. Le fieur *Belicour,* curé de Bourg, accufé d'avoir mis le feu par trois fois à fa paroiffe, craignant que la mémoire ne lui manquât, avoit pris la précaution d'écrire fa défenfe ; arrivé devant fes juges, il voulut leur expofer fes moyens de juftification ; un des confeillers lui ferma la bouche en difant: *on ne vous appelle point ici pour lire.* Et ce pauvre pafteur fût jugé & condamné *au fouet, à la marque fur les deux épaules, & aux galeres à perpétuité,* fans avoir eu la confolation de fe faire entendre (1).

____

(1) Il vient de fe pourvoir au tribunal de caffation où fa requête a été admife ; & il eft en ce moment détenu à la force.

Ainsi malheur à l'accusé qui n'avoit pas assez de mémoire pour se défendre; l'eût-il eu même très heu-
reuse, que les juges l'auroient interrompu, s'il eût mis
trop de tems à parler. La briéveté étoit un des grands
talens de ces petits Messieurs. Le procès le plus compliqué
& qui demandoit deux ou trois jours d'examen, étoit
décidé en une heure & demie au plus : aussi en jugeoient-
ils hu't ou dix dans une matinée; que leur importoit
la destinée des citoyens soumis à leur tribunal ! c'étoient
des êtres indignes des regards de ces anciens tyrans.

Heureux & très-heureux encore, l'homme doué d'une
constitution assez robuste, pour attendre le jour de son
jugement ! outre toutes les douleurs auxquelles le hon-
teux régime de la maison vous soumet, il y regne
encore un air infect, qui, occasionnant continuellement
des maladies *scorbutiques*, finit par vous conduire au
tombeau. Quoique le gouvernement ait fondé deux
infirmeries, l'une de trente lits, pour les hommes,
l'autre de dix, pour les femmes, il est rare cependant que la mort ne les moissonne pas tous. Un médecin, deux chirurgiens & un apothicaire bien payés, en
ont l'inspection. Pendant le cours des maladies, l'humanité veut qu'on traite les moribonds avec beaucoup
de soin. Dans leur convalescence on doit sur - tout,
selon les regles de l'institution, leur donner du vin,
de bon bouillon & une légere portion de viande : par
un abus punissable on ne fait absolument rien de tout
cela. La maniere dont le médecin s'acquitte de ses
visites, est d'un genre tout-à-fait nouveau. Aux termes
des réglemens, il doit les faire tous les jours, mais
il ne vient qu'une fois ou deux par semaine, & encore
quelles visites ! elles se bornent ordinairement à se

faire repréfenter le regiftre, fur lequel font infcrits les malades, & où il fe contente de mettre fon vu. Ses vifites les plus longues, quand il veut bien fe donner la peine d'en faire, n'abforbent jamais plus de cinq minutes; & voici à quoi il les emploie.

Ordinairement c'eft au malade que le médecin s'adreffe pour connoître la caufe de fa maladie; celui de la conciergerie s'y prend tout différemment : le regiftre à la main, c'eft à un prifonnier nommé *Picard* chargé de procuration de tous les éleves de *Gallien*, qu'il porte la parole : quelle eft la maladie de celui-ci, lui dit-il? M., lui répond *Picard*, il a le fcorbut : vous le mettrez à la *diete & à la tifanne*, replique le médecin; & celui-ci, dit encore le médecin, quelle eft fa maladie? c'eft un homme, dit *Picard*, qui a l'eftomac délabré par le défaut de nourriture. Vous le mettrez *à la diete* & à la *tifanne*, répond le médecin; enfin quelque foit le principe de la maladie, le médecin n'y trouve d'autre remede *que la diete & la tifanne, ou les pieds dans l'eau.* D'après deux ou trois queftions de cette efpece qu'il fait à *Picard*, il s'en retourne, fans s'embarraffer des autres malades toujours en très-grande quantité, puifque fouvent il n'y a pas affez de lits pour les recevoir. Comment ne pas s'indigner de cette conduite envers des malheureux, qui, la plupart n'auroient befoin pour fe rétablir, que de bons alimens? auffi je le répete, eft-il rare qu'il en échappe beaucoup à la mort : je puis affurer que fur deux cents qui montent à l'infirmerie tous les ans, elle en dévore à-peu-près cent cinquante.

Les vifites des deux chirurgiens & de l'apothicaire ne font pas plus falutaires; priez-vous les deux pre-

miers de vous faigner ? ils vous difent d'un air indiffé-
rent, que vous n'en avez pas befoin, & cela pour fe
difpenfer de le faire : la befogne du troifieme fe borne
à vous prêter fa feringue. A la négligence horrible de
tous ces indignes enfans d'*Hypocrate*, ajoutéz, pour
comble de malheur, que de mon tems, il n'étoit
même pas permis aux malades ou à leur famille d'en
appeller un autre ; ils avoient un droit *exclufif*
de vous affaffiner impunément, à moins que vous n'ayez
obtenu un arrêt de la cour qui vous autorifât à prendre un médecin ou un chirurgien du dehors. Pour
mieux apprécier *l'exactitude de ces bourreaux privi-
légiés*, je vais rapporter un trait que j'ai vu de mes
propres yeux.

Picard de Granville, accufé de duel, avoit donné
par pure méchancèté, un coup de conteau dans le bras
d'un prifonnier : pour guérir fa bleffure, il n'avoit befoin que d'être bien foigné ; les chirurgiens l'ayant né-
gligé, la gangrene s'y mit & on fut obligé de lui couper le bras (1).

Si les malades ont à fe plaindre de l'abandon cruel
auquel on les livre, *Picard*, le fubftitut des *Pharma-*

______

(1) Les *Jugeurs* du bailliage, dont la juridiction
s'étendoit fur le petit atmofphere de l'enclos du palais,
entamerent à ce fujet un procès criminel contre *Picard*.
La peine due à fon crime étoit la roue ; mais fa famille qui connoiffoit le foible *de ces bâtards de Thémis*, arrêta les pourfuites, en mettant à profit ce
vers de Boileau.

L'argent en honnête homme érige un fcélérat.

sopoïes, a lieu de s'en réjouir; aussi-tôt qu'un prisonnier est à l'infirmerie, il s'empare de ses habits & de son argent pour se les approprier, parce qu'il est très-persuadé qu'il mourra; la raison en est bien simple; en suivant littéralement l'ordonnance du médecin, il réunit dans ses mains un moyen infaillible pour en venir à son but.

Le concierge chargé du soin de faire distribuer des alimens pour l'infirmerie, doit bien donner une fois ou deux par semaine une légere portion de bouillon gras, un peu de bouilli & une bouteille de vin; mais *Picard* qui fait spéculer, garde pour lui le vin, le bouilli, & la moitié du bouillon; dans l'autre moitié il y met de l'eau en abondance; voilà le seul régal des malades, le seul restaurant dont il les gratifie; & quand par hasard il leur sert un peu de bouilli, c'est par une grace toute particuliere. Pour goûter du bouillon qu'il n'a point *baptisé*, il faut également être honoré de l'amitié de *Picard*; encore, ne fait-il participer à cette faveur, que ceux de qui il fait retirer une récompense, & lorsqu'il est bien persuadé que leur constitution vivace triomphera des atteintes de la mort.

Ce n'est pas là son seul bénéfice : un prisonnier de la pension, de la demie pension, ou de la pistole, a-t-il besoin de prendre une médecine ? *Picard* la lui fournit moyennant une petite rétribution. La pharmacie est le magasin où il court puiser *gratis* les drogues qui lu conviennent.

Picard tire un autre intérêt de sa place: comme il lui reste toujours du bouilli, puisqu'il n'en fournit point aux malades, il le fait vendre dans la ville à son profit, ou, il admet à sa table un prisonnier qui lui tient compte de ces repas : malgré que, selon l'ordonnance du medecin, les malades doivent toujours être à la *diete*, leur pain n'en passe pas moins à l'infirmerie; mais le vigilant *Picard*, tout en se gardant bien de violer l'ordonnance, n'oublie point de mettre sa main sur la totalité des pains qu'il revend au boulanger, lequel à son tour les fournit de nouveau aux prisonniers; & le concierge autorise d'autant plus ce manege de *Picard*, qu'il ne lui donne aucuns gages; les malades seuls font les frais aux dépens de leur tempérament.

Mais va-t-on m'objecter : puisque le concierge distribue si peu de nourriture aux malades, que deviennent donc tous les alimens que le gouvernement paye! en quelles mains passent-ils? qui les consomme? ah! je vais vous l'apprendre; je sais que tous ces détails ne font pas nobles, cependant ils méritent d'être connus.

L'état paye six guichetiers à raison de chacun huit cents liv. par an; ils en donnent quatre cent au concierge qui les nourrit sur les alimens qui reviennent aux malades de l'infirmerie; par ce moyen il gagne net 2400 livres.

De plus, sa maison composée de cinq à six personnes, s'engraisse également aux dépens de l'infirmerie, & tandis que sa table regorge d'alimens, le concierge laisse périr de faim une foule de misérables, parmi lesquels se trouvent toujours des peres de famille innocens. En réfléchissant sur toutes ces atrocités, ne diroit-on pas qu'il a fait pacte avec le médecin, les chirurgiens & l'apothicaire pour donner la mort aux prisonniers, & porter le désespoir dans leurs familles.

Mais continuons : le concierge, homme intelligent dans son état, a aussi trouvé le moyen de tirer parti du linge de l'infirmerie ; non seulement il se sert pour son propre usage, des draps, des serviettes & des napes, mais il garnit des premiers les lits des chambres de la pension, de la demie pension & de la pistole, tandis qu'il devroit les fournir à ses dépens : nous en avons souvent vu la preuve sous nos yeux, parce que le linge de l'infirmerie est marqué de la lettre P. désignant le nom de *Picard* à qui on le donne pour en rendre compte. Lorsque les malades sont convalescens, on doit leur donner pour se promener & prendre l'air, des especes de capottes de toiles ; le concierge a encore eu le secret de faire disparoître les capottes, pour en faire des essuye-mains ou torchons à l'usage de sa maison, & le malade n'a d'autre ressource que de se servir de la couverture de son lit.

Ce n'est pas tout : le gouvernement accorde pour l'infirmerie, & aux prisonniers de la paille, une quantité de bois assez considérable : le concierge, dont les vues sont immenses sur tout ce qui peut contribuer à l'augmentation du revenu de sa place, ne manque jamais de s'en emparer, ou s'il en donne de tems-en-tems, c'est toujours avec une grande modération, & lorsque l'homme le plus robuste & en bonne santé ne pourroit pas lui-même résister au froid.

Je n'entrerai dans aucun détail sur le régime de l'infirmerie des femmes, parce que les abus y sont absolument les mêmes que dans celle des hommes : je n'entretiendrai pas non plus mes lecteurs de tous ceux qu'on commet également dans les *prisons du grand*

Châtelet (1) ainſi que dans toutes les autres priſons tant *judiciaires que de police*, & qui ne ſont à peu de choſes près, qu'une répétition de ceux que je viens de divulguer; je me garderai bien encore de m'appéſantir ſur la néceſſité urgente de détruire cette *caverne hideuſe & peſtiférée* du grand Châtelet qui défigure la capitale; tout le monde en eſt trop perſuadé. J'obſerverai ſeulement, que d'après toutes les léſineries dégradantes & meurtrieres que les gardiens de ces *nouveaux Tartares* mettent en pratique, on ne doit plus être ſurpris, ſi les places de ceux de la conciergerie & du Châtelet, joint à ce que le gouvernement paye, rapportent dans leurs mains quinze à vingt mille livres.

Mais auſſi tous les faits que j'ai cités, & dont je garantis la vérité, prouvent aſſez que le *régime des priſons judiciaires* étant ſubordonné uniquement au caprice, à la cruauté, à l'avarice ſordide des *Tygres* qui le dirigent, les malheureux captifs qui habitent ces abominables demeures, ſont ſans ceſſe livrés à un prolongement de douleurs, dont les effets engendrent le plus affreux déſeſpoir; ils prouvent qu'au lieu de s'occuper à traiter humainement des hommes qui n'étant pas encore jugés définitivement, peuvent être reconnus innocens, on ne s'attache qu'à déployer ſur eux toutes les rigueurs que l'imagination féroce *des Cerberes* s'étudie à inventer; ils prouvent qu'en même tems que le parlement de Paris les dépouilloit de

______

(1) Je dois cependant dire ici que, contre la regle générale, le concierge de cette priſon eſt d'un caractere doux & honnête.

leurs biens, de leur honneur, fon barbare defpotifme protégeoit encore les vils agens de fa tyrannie, pour combler la mefure de fiel, dont on les abreuvoit; ils le prouvent, puifqu'au lieu d'arrêter le cours de toutes ces horreurs ils s'en rendoient complices eux-mêmes par l'inaction auffi lâche que coupable, dans laquelle l'indolence de leur miniftère s'endormoit impunément.

Qu'ils ne difent pas, pour fe difcuper, que le régime exécrable de la maifon tient au caractere feul du chef, c'eft une impofture gratuite; je fuis en état de prouver qu'au lieu de redreffer fes écarts, leur injuftice les toléroit, les favorifoit même. Hommes pervers! n'eft-ce donc pas affez qu'un citoyen chargé de fers, éloigné de fes foyers, privé de fes parens, de fes amis, gémiffe dans les pleurs, l'opprobre & l'oubli? pourquoi ajoutiez-vous encore à fes gémiffemens de nouvelles douleurs? pourquoi perpétuiez-vous fes angoiffes? pourquoi multipliiez-vous fes convulfions? pourquoi vous faifiez-vous une joie des foupirs que fes maux lui arrachoient? pourquoi les prifons deftinées à affurer la conviction & le châtiment du crime, font-elles devenues par vos ordres plus cruelles que le dernier fupplice? pourquoi, quand le monarque a détruit la pratique barbare de torturer des accufés, même coupables, pourquoi vous acharniez-vous à déchirer leur cœur? Miférables! qu'une fatalité trop cruelle avoit places fur les *Lys de Thémis* pour le malheur du genre humain, vous avez cru que le regne de votre affreux defpotifme alloit devenir plus formidable, plus éclatant que jamais, vous vous êtes trompés: la nation indignée de vos épouvantables forfaits vient d'arracher de vos mains facrileges le glaive de la juftice, dont

vous

vous avez fait un si criminel usage : sang-sues inaltérables, séditieux obscurs, vils instrumens de tous les crimes, violateurs effrénés des loix les plus saintes, cent fois plus coupables que les assassins des grandes routes, votre présence ne souillera donc plus un asyle sacré où la vertu seule & les lumieres doivent habiter ! vous voilà donc bannis, comme des brigands, du sanctuaire auguste des loix que vos *rapines* avoient changé en un véritable coupe-gorge ! Ainsi le Rédempteur du monde chassa du temple de Jérusalem les voleurs qui en profanoient l'enceinte ; allez, malheureux ! disparoissez loin de nous ! il ne vous reste plus d'autre ressource pour cacher votre honte, que de vous engloutir dans les entrailles de la terre ! mais ne vous y méprenez pas, cette retraite même ne vous garantira point des traits de ma vengeance ! fussiez-vous relégués au fond des *enfers*, j'irai vous y chercher pour me rendre compte au tribunal de la loi, des prévarications sans exemple dont vous vous êtes rendus coupables envers ma mere & moi, des souffrances incroyables que vous avez amoncélées sur nos têtes, & des atteintes mortelles que vous avez voulu porter à notre honneur : apprenez, apprenez, que le tems de la faveur est passé, & que celui de la justice est enfin arrivé ; apprenez, que si dans les jours triomphans de votre prospérité, j'ai bravé vos cachots, vos bourreaux, apprenez qu'aujourd'hui que votre défaite est certaine, je sens que mon ame aggrandie par la liberté, méprise à bien plus forte raison & vos poignards & vos poisons !

Et vous, sages représentans d'une grande nation ! maintenant que vous avez sappé l'informe colosse de la magistrature, occupez-vous à réparer les crimes de nos anciens

D

(50)

tyrans ; cessez un instant de dicter des loix à la France,
pour descendre dans l'obscurité des cachots où le soleil
n'a jamais versé sa lumiere ! vous y verrez l'innocence
opprimée : vous y verrez des coupables qui implore-
ront le supplice qu'ils ont mérité, qui se jetteront à
vos pieds pour obtenir une mort plus douce que les
longues horreurs du gouffre où ils sont ensevelis ; vous
y verrez des malheureux qui gémissent sans savoir pour
quels crimes ; vous y verrez des victimes de la rapacité
des juges & de la calomnie de leurs ennemis. Ah ! sans
doute que dans ce séjour maudit vos entrailles se sen-
tiront émues ; à l'aspect de tant de cruautés vous serez
étonnés, oui, vous le serez, que des hommes soient
assez forts pour résister à tous les tourmens qu'ils y
endurent. Si deux ans auparavant vous aviez pénétré
dans ces ténébreux repaires ; vous y auriez vu dans les
fers plusieurs des citoyens courageux qui, par leurs
écrits, ont provoqué la révolution, & qui n'avoient
d'autre tort que celui d'avoir bravé l'espion-
nage, menacé le despotisme sur le trône, l'aristocra-
tie sous le dais & le fanatisme dans la chaire. Ils
furent punis comme coupables, pour avoir conseillé
ce que vos sages décrets ordonnent aujourd'hui ; on
leur enleva la plume des mains pour y substituer des
fers ; aussi, indigné de toutes ces atrocités, mon cou-
rage, en sortant de prison, n'en devint que plus ani-
mé ; le souvenir des tourmens que j'avois endurés, la
fureur du patriotisme, l'esprit de vengeance & la cer-
titude où j'étois qu'on devoit me faire mourir avec plusieurs autres écrivains patriotes, *le lendemain de la
prise de la Bastille*, toutes ces raisons puissantes me
firent braver la mort que vomissoit le canon de cette

forterefſe ; j'y pénétrai des premiers pour chanter fur ſes tours menaçantes une hymne à la Liberté. Que ce moment fut cher à mon cœur ! je crus être reffufcité ! mais le dirai-je ? un doute inquiétant vint fuccéder aux élans de ma joie ; ah ! combien cette idée m'accabloit ! Pour diffiper mes craintes, je difois : ô vous qui dictez des oracles à la France, hâtez-vous d'arrêter les coupables attentats des juges perfides du Châtelet, ou je m'écrirai dans ma jufte douleur : fuyez, braves citoyens dont les mains victorieufesont renverfé la Baftille ; fuyez, ce fénat inique vous pourfuit, il qualifie de fédition votre démarche falutaire de Verfailles ; fuyez, ou il va prendre pour témoins & pour preuves de votre prétendu crime vos bleffures, vos cicatrices. . . . Mais graces foient rendues à nos dignes Légiflateurs, vous n'avez plus rien à craindre, intrépides enfans de la patrie, la chûte de l'infame Châtelet eft confommée, il vient d'être englouti dans fes propres ruines ; un nouvel ordre de chofes s'établit, la nation fe régénère, une Conftitution formée des mains de la nature, de la liberté, de la raifon s'élève avec majefté fur les décombres du defpotifme ; encore quelques jours, tous les Français vivront heureux, & je mourrai content.

PIERRE-MATHIEU PAREIN.

De l'imprimerie de J. B. CHEMIN, rue de la Juiverie, au coin de celle des Marmouzets.

BIBLIOTHEQUE NATIONALE DE FRANCE
3 7531 04324584 5